T0303570

DANIEL GOLEMAN

Autor de *Inteligencia emocional*

INICIACIÓN AL MINDFULNESS

Guía práctica con meditaciones guiadas inspiradas en su libro *Focus*

Título original del CD: CULTIVATING FOCUS: TECHNIQUES FOR EXCELLENCE
© 2013 More than Sound
Originally published by More Than Sound
© de la edición en castellano: 2015 by Editorial Kairós, S.A
Numancia 117-121, 08029 Barcelona, Spain, www.editorialkairos.com
© de los textos extraídos de Focus: Daniel Goleman
© de la introducción: Gil Padrol

Edición e introducción a cargo de Gil Padrol
Diseño y maquetación de Óscar Valero
Tipografía: Geo Sans Light
Imágenes:freemagebank.com,unsplash.com,pixabay.com,hiresstock.com,barnimages.com
splitshire.com,pexels.com,resplashed.com,picjumbo.com,isorepublic.com,thestocks.im
Markus Spiske / raumrot.com / CC-BY

Primera edición: Octubre 2015
Tercera edición: Enero 2020

ISBN: 978-84-9988-464-6
Depósito legal: B 19.225-2015
Impresión y encuadernación: Índice. Barcelona

SUMARIO

INTRODUCCIÓN

Si algo debemos agradecer a Daniel Goleman es el don de la oportunidad. Con la publicación a mediados de los noventa de *Inteligencia emocional*, el profesor y psicólogo estadounidense culminó toda una trayectoria de trabajos anteriores realizados por numerosos investigadores que cuestionaban el cociente intelectual como paradigma para medir la inteligencia del ser humano. Ahora, más de dos décadas después, Goleman ha centrado sus últimos estudios en un tema de urgente necesidad: cómo disfrutar de una vida mejor, en lo personal y en lo laboral, en la era de las nuevas tecnologías y la proliferación de las distracciones y la saturación de información que ocupan nuestro día a día y, en la mayoría de ocasiones, nos distraen de nuestros objetivos más importantes.

El camino de la inteligencia emocional

Si el primer test de inteligencia fue presentado en 1916 y sus primeras críticas surgieron en 1920, fácilmente imaginaremos todo un siglo posterior de intenso debate acerca la validez del método para medir la inteligencia. Gracias a trabajos como el de Howard Gardner o el del propio Goleman, el estado de la cuestión traspasó las fronteras del ámbito científico y académico y arraigó en la cultura popular. Y el paradigma cambió: el foco abrió su amplitud de campo y la inteligencia pasó a verse como algo mucho más sofisticado, poliédrico y con un nexo crucial con las emociones. A nadie sorprenderemos hoy en día si afirmamos que las personas empáticas poseen un tipo concreto de inteligencia emocional que beneficia tanto su propio bienestar como el de sus relaciones sociales. También coincidiremos en que las personas que logran vivir las adversidades y los problemas con optimismo los superan con mayor facilidad y menor sufrimiento. Aquellos que tienen una mayor inteligencia emocional tienen todos los números para ser, simple y llanamente, más felices. Si nos hubiésemos quedado en la medición de la inteligencia cognitiva a base de tests, la felicidad seguiría siendo la gran incógnita de nuestro cerebro, porque seguiríamos perdidos a la hora de explicar por qué las personas con alto cociente intelectual pueden ser infelices y, por contra, las personas con menor puntuación pueden gozar de una vida plena. El libro de Goleman apareció en el momento adecuado: prueba de ello es que millones de personas en todo el mundo encontraron en sus páginas una forma de conocerse mejor y comprender que las emociones y la inteligencia no vivían en universos mentales aislados sino que, precisamente, eran imposibles de separar. La certeza más esperanzadora que planteaba el desarrollo de *Inteligencia emocional* era que uno podía, incluso en condiciones adversas, lograr corregir y mejorar comportamientos y reacciones adquiridas y detener, paulatinamente, el torrente desbocado de las emociones que se interponían con su bienestar cotidiano.

De la inteligencia emocional al mindfulness

Han pasado más de veinte años desde que el libro de Goleman ocupase por primera vez la mesa de novedades. Los cambios sociales, culturales, económicos y tecnológicos acontecidos durante este lapso de tiempo han sido —y siguen siéndo— abismales. Las consecuencias de estos cambios tienen, por supuesto, su lado positivo. El precio a pagar, sin embargo, ha sido más alto de lo esperado.

Veamos, a grandes rasgos, algunos de esos costes personales que el prometedor mundo globalizado y la revolución tecnológica venían incorporados en la letra pequeña del contrato:

Nos sentimos más dispersos, rodeados de miles de estímulos que nos reclaman constantemente, a todas horas. Hablamos con los amigos en el trabajo y trabajamos cuando estamos con los amigos, queremos hablar con nuestra pareja pero estamos demasiado ocupados con el ordenador para encontrar el momento adecuado. Nos gustaría mejorar en nuestras inquietudes pero nos despistamos con frecuencia porque tenemos planes más atractivos que hacer. Parece que tenemos una tendencia a estar en el momento equivocado de manera continua, como si justo cuando logramos estar concentrados en algo nos reclamasen con urgencia en otro lugar. ¿Y no es precisamente la especialidad de nuestro smartphone el reclamarnos inesperadamente, con independencia de si nos está facilitando las cosas o, por el contrario, está violentando nuestro presente?

La palabra clave que acabamos de mencionar es "presente": el único espacio-tiempo que podemos habitar de verdad, desde el que hacemos las cosas y el que da sentido a nuestra existencia. Habitar el momento presente significa, en otras palabras, prestar atención. Si estamos leyendo un libro, mantenernos en la lectura es lo que nos permitirá disfrutar y entender lo que el autor quiere decir. Si en el trabajo nos distraemos con facilidad, los errores serán más frecuentes y, en vez de avanzar, el trabajo no hará más que acumularse. En otro orden de cosas, también de vital importancia, prestar atención al cielo cuando salimos de casa, desenganchando la mirada de nuestra tableta, nos recordará que hace un día espléndido o que, por el contrario, habríamos hecho mejor en llevarnos el paraguas. Concentrarnos en la conversación con nuestra pareja, dejando el mando de la televisión y el móvil fuera de nuestro alcance, permitirá que el lenguaje corporal entre ambos fluya naturalmente y que el entendimiento no quede interrumpido por gestos de impaciencia o por miradas ausentes. Prestando atención, en definitiva, podremos hacer las cosas mejor, con mayor excelencia, desde practicar deporte a navegar por internet, desde hablar con nuestro jefe hasta ordenar el salón de casa. Hay que pasar a la acción y no necesitamos nada más para empezar que ponernos cómodos y observar el ritmo de nuestra respiración, ¿notamos alguna diferencia respecto a la respiración entrecortada que tantas veces nos sorprende tomando el control de nuestra tranquilidad?

Cuando nos referíamos al don de la oportunidad que tiene Goleman pensamos justamente en eso: sus libros, desde *Inteligencia emocional* a *Inteligencia ecológica*, leen las exigencias, retos, riesgos y oportunidades de nuestro presente y nos abren vías para resituarnos en los vaivenes de la contemporaneidad. El libro que está a punto de empezar contiene, en el centro de su propuesta, un revelador retorno a lo más básico de nuestra existencia: la respiración. La práctica del mindfulness, como el mismo Daniel Goleman ha corroborado desde varias ópticas científicas y espirituales, sintoniza nuestras emociones con nuestro cuerpo y sosiega nuestros pensamientos. ¿Cómo empezar? Como en seguida comprobaremos en la primera meditación guiada, recordando eso tan obvio como esencial: tomando conciencia de nuestra respiración y dejando que, en vez de las llamadas y reclamos externos, sean nuestro cuerpo y mente los que nos encuentren, ahora sí, en el lugar en el que realmente queremos estar.

Gil Padrol

CAPÍTULO 1

Atención a la respiración

Con la práctica del CD "Atención a la respiración" facilitará la entrada de su mente al estado de flujo: el placer y la absorción plena en lo que nos gusta son los indicadores emocionales del flujo.

Cuando esté listo...

...abra los ojos.

Tomar conciencia de nuestra respiración, su ritmo y su profundidad es la pieza angular que nos hará regresar al presente y a aquello que estemos haciendo en vez de dejarnos arrastrar por nuestras cavilaciones diarias y del parloteo incesante de la mente.

¿Empezamos?

Un muestreo al azar del estado de ánimo revela que, la mayor parte del tiempo, las personas están estresadas o aburridas y que solo de manera ocasional experimentan lapsos de flujo. Según parece, el 20% de las personas experimentan momentos de flujo al menos una vez al día y en torno al 15% jamás entran en dicho estado.

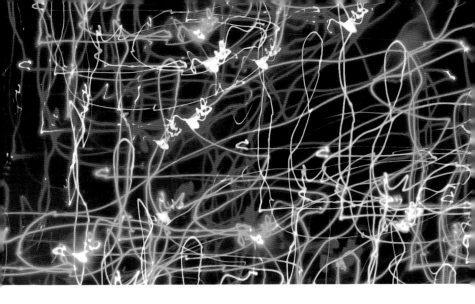

El estado cerebral óptimo para llevar a cabo un buen trabajo se caracteriza por la armonía neuronal, es decir, por la elevada interconectividad entre diferentes regiones cerebrales. Los circuitos necesarios para la tarea en curso se hallan, en ese estado, muy activos, mientras que los irrelevantes permanecen en silencio, lo que favorece la conexión del cerebro con las exigencias del momento.

Cuando nuestro cerebro se adentra en esa dimensión óptima entramos en flujo, con lo que nuestro trabajo, hagamos lo que hagamos, es excelente.

CAPÍTULO 2

Atención sensorial

Durante la práctica del CD "Atención sensorial" reconectaremos con aquello que perciben nuestros sentidos y que con demasiada frecuencia solemos pasar por alto. Un recorrido por cada uno de ellos nos permitirá reparar en los sonidos que nos rodean, las sensaciones del cuerpo, ya sea el calor, el frío o un leve hormigueo en las manos, y despertaremos nuestro olfato, nuestro gusto y los sabores que lo acompañan.

La conciencia...

...también está en los sentidos.

La práctica consistirá en reconocer lo que nuestros sentidos perciben, tomar conciencia de lo que nos están transmitiendo pero, y eso es muy importante, no nos dejaremos llevar por los pensamientos que puedan provocarnos. Sentir, sin filtros y sin juzgar nada de lo que nos va llegando mientras respiramos.

La capacidad de advertir que estamos ansiosos y de dar los pasos necesarios para renovar nuestra atención reside en la autoconciencia. Es la metacognición la que mantiene nuestra mente en el estado más adecuado para la tarea en curso, desde las ecuaciones algebraicas hasta la preparación de una receta o alta costura. Sean cuales fueren nuestros mejores talentos, la autoconciencia nos ayuda a desplegarnos del mejor modo posible.

Dos son los matices y variedades de la atención que más importancia tienen para la conciencia de uno mismo. Por una parte, está la atención selectiva (que nos permite concentrarnos en un objetivo ignorando todos los demás),

Por la otra, la atención abierta (que nos permite registrar información procedente del mundo que nos rodea y de nuestro mundo interno y atender a pistas sutiles que, de otro modo, soslayaríamos).

La capacidad de dirigir nuestra atención
hacia una cosa ignorando el resto yace en
el núcleo mismo de la voluntad

CAPÍTULO 3

Examen del cuerpo

¿Cómo escuchar nuestra "voz interior" y conocer lo que, de algún modo, nuestro corazón e intuición ya saben? Para ello contamos con las señales procedentes de nuestro cuerpo.

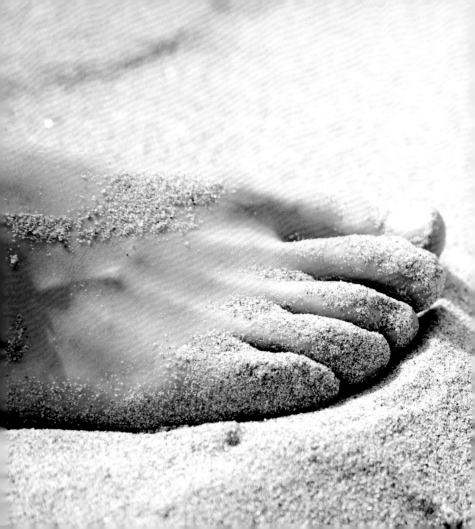

Conectando
con todas las sensaciones

Gracias a los circuitos neuronales que conectan la ínsula —ubicada detrás de los lóbulos frontales del cerebro— con los intestinos, el corazón, el hígado, los pulmones y los genitales, esta puede cartografiar nuestro cuerpo interior.

De este modo, teniendo cada órgano una ubicación concreta, la ínsula actúa como centro de control de las funciones viscerales, enviando señales, por ejemplo, al corazón, para que ralentice su latido, o a los pulmones, para que respiren más profundamente.

Prestar atención a una determinada parte del cuerpo amplifica la sensibilidad de la ínsula hacia esa región concreta. Basta con conectar con el latido cardíaco para que la ínsula active más neuronas de ese circuito.

Por eso la conciencia que la persona tiene de los latidos de su corazón ha acabado convirtiéndose, de hecho, en un criterio para determinar la conciencia de uno mismo.

Y es que, cuanto más grande es la ínsula de la persona,
mejor es, en ese sentido, su labor.

CAPÍTULO 4

Interdependencia

La empatía y la conciencia propia de lo mucho que nos cuidan y apoyan los demás son otra clave para nuestra felicidad. En la práctica del CD "Interdependencia" trabajaremos sobre este aspecto: lo que somos es, en gran parte, gracias a los demás.

¡Que sean felices!

Vivir de forma egoísta, viendo a los demás o bien como un medio para nuestro fin o bien como un estorbo para alcanzar nuestros deseos, no hará más que causarnos enfados, frustración y un odio que puede acabar con nosotros mismos. Esta visión entorpecerá en numerosas ocasiones nuestras relaciones, ocultando bajo un manto de ignorancia lo realmente interdependientes que somos de los demás y de los sistemas de relaciones (tanto humanas como medioambientales) que hacen posible nuestra vida.

Nos estaremos olvidando, erróneamente, de la importancia del contexto. Nos quedaremos sin comprender aquello que nos rodea y, con ello, menospreciaremos nuestra óptima respuesta para nuestro bienestar e, igual de importante, el de los demás.

Creemos que estamos parados porque se ha producido
un atasco, sin darnos cuenta de que ese atasco es una
consecuencia de la dinámica sistémica de las redes
viarias. La desconexión entre tales sistemas y el modo
en que nos relacionamos con ellos se deriva de una
distorsión de nuestros modelos mentales

Culpamos a los demás conductores de entorpecer el tráfico sin darnos cuenta de la dinámica sistémica que nos ha llevado hasta allí.

La sensibilidad hacia el modo en que la gente se siente con respecto a lo que hacemos o decimos nos permite atravesar con éxito cualquier campo de minas sociales.

CAPÍTULO 5

Atención a la compasión

En la práctica del CD "Atención a la compasión" buscaremos el vínculo esencial con las personas y, gracias a ello, lograremos atravesar todo tipo de barreras que nos surjan. Ganar confianza con los otros es posible con el desarrollo de la compasión que seamos capaces de cultivar y del amor que logremos transmitir con honestidad.

Inhale amor...

y extiéndalo.

Sabemos que prestar atención al contexto y responder de forma sensible a su complejidad y a las dificultades que nos presenta es determinante para no perder de vista nuestro rumbo. Si no tomamos conciencia de cómo reaccionamos ante situaciones complejas y, en vez de eso, nos dejamos llevar, nos veremos inmersos en guerras cruzadas contra cualquier entidad que escape a nuestro control.

Volvamos ahora de la visión del contexto a las personas, las conozcamos o no. Porque viven en el mismo planeta que nosotros y, aunque a veces no lo creamos, tenemos mucho en común.

Una de las formas más sutiles de cuidado se da cuando apelamos a nuestra presencia consoladora y amorosa para tratar de calmar a alguien. La mera presencia de un ser querido tiene, según las investigaciones realizadas al respecto, un efecto analgésico, aquietando los centros que se ocupan del registro del dolor.

Cuanto más empática se muestre la persona
que acompaña a alguien que experimenta
dolor, más poderoso será su efecto calmante.

Los médicos más demandados por mala praxis en los Estados Unidos no son, curiosamente, los que más errores cometen. La investigación realizada ha puesto de relieve que la motivación principal gira, por el contrario, en torno a una serie de variables al tipo de relación que el médico establece con su paciente. Los más demandados muestran menos indicios de compenetración emocional, llevan a cabo visitas más cortas, no se interesan por las preocupaciones de sus pacientes, y mantienen una mayor distancia emocional, con pocas o ninguna sonrisa.

EPÍLOGO

Lo que hemos hablado y practicado en este libro y con las meditaciones guiadas podría ayudarnos a alcanzar el éxito. Pero con qué fin y al servicio de qué, debemos preguntarnos, estamos poniendo nuestros mejores talentos. Si nuestro foco de atención solo sirve a nuestras metas personales (es decir, a nuestro interés personal o a la recompensa inmediata de nuestro pequeño grupo), estaremos condenando, a largo plazo, a toda nuestra especie.

En el extremo mayor de su apertura, nuestro foco de atención abarca también los sistemas globales, tiene en cuenta las necesidades de los más pobres y desfavorecidos y atisba un futuro muy lejano.

Independientemente de lo que hagamos y de la decisión que adoptemos, el Dalai Lama nos invita a que comprobemos nuestra motivación con las siguientes preguntas:

¿Es solo para mí o también para los demás?

¿Es en beneficio de unos pocos o de la mayoría?

¿Para ahora o para el futuro?